Index Card
Games
for
Spanish

Supplementary Materials Handbook Six

Adapted by Jackie Blencowe
Edited by Beatriz Céspedes de Fantini
Illustrated by Patrick R. Moran

THE EXPERIMENT PRESS

PRO LINGUA ASSOCIATES

Publishers

Published jointly by

The Experiment Press
The Experiment in International Living
Brattleboro, Vermont 05301, and

Pro Lingua Associates
15 Elm Street
Brattleboro, Vermont 05301

ISBN 0-86647-020-4

Library of Congress Cataloguing in Publication Data

Index card games for Spanish.

    (Supplementary materials handbook ; 6)
    "Based on the book Index card games for ESL"—
Acknowledgments.
    1. Spanish language—Study and teaching—English
speakers. 2. Educational games. I. Blencowe,
Jackie, 1953-   . II. Index card games for ESL.
III. Series
PC 4129.E5154 1986   468'.007'1073   86-30618

This book was set in Caledonia with Caslon display type by Stevens Graphics and printed and bound by The Book Press, both of Brattleboro, Vermont. Designed by Arthur A. Burrows

Printed in the United States of America

Acknowledgements

This collection of card games is based on the book *Index Card Games for ESL*, published jointly by Pro Lingua Associates and The Experiment Press. The games were originally developed by several staff members of The Experiment in International Living's International Students of English Program, especially Ruthanne Brown, Marilyn Bean Barrett, Joseph Bennett, Robert Carvutto, Janet Gaston, Harlan Harris, Bonnie Mennell, Oden Oak, Phillip Stantial, Elizabeth Tannenbaum, and Susan Treadgold. The collection was revised and edited by Raymond C. Clark.

Once again, we are indebted to The Experiment Press and its director Tim McMains for giving us permission to adapt the ESL games for the teaching of French and Spanish.

Special thanks for this adaptation go to Jackie Blencowe, a staff member of The Experiment's International Students of English Program. Jackie also originated the Colocaciones game.

Special thanks, also, to Beatriz Fantini for her caring patience and professionalism in editing this adaption.

Pro Lingua Associates

Vocabulary used in card games

to play	jugar
to play again	jugar de nuevo
to turn over	voltear
to win	ganar
the turn	el turno
the stack	el montón
the pile	el montón
your turn	tu turno
the card	la carta, tarjeta
to shuffle	barajar
the team	el equipo
to deal	dar las cartas

Table of Contents

Introduction

This book is the starting point for what could be an extensive collection of *Index Card Games* for you or your department. We have provided simple directions for six kinds of games and a number of suggestions for specific games of each type. As a starting point, try some of the specific games we have suggested and then, once you get the hang of it, you will undoubtedly want to add games of your own to your collection. You will need to invest in a supply of 3 x 5 index cards to make your games, but by following our suggestions they won't take long to make, and once made they can be used over and over.

The games can be one of the most enjoyable supplementary activities you can do with your class whether you use them once a week or once a day. In an intensive language program you can easily use one a day and the students will not tire of them because they provide a pleasant and relaxing break from the hard work of battling with a stubborn language. Because the games are by nature a supplementary activity and a time-out from the rigors of formal teaching and learning, they are best used to review or practice words and sentences that have already been introduced. In a limited way however, the games can be used to introduce new bits and pieces of language —especially vocabulary items and idioms.

Beyond the fact that the games are fun and a welcome change of pace, they are also useful. As mentioned above, they can serve as a painless review of previously studied material. They

are also invaluable in helping build the class into a cohesive group, as long as the competitive aspect of the games is not taken seriously. In several of the games, groups of students have to work together toward a common goal — whether it be solving a problem or building up points and trying to win. In the process of working together the students necessarily have to interact with each other to help, support, suggest, encourage, correct, and even challenge each other. Inevitably, some teasing, joking, cheering, and playful booing pervade the classroom. In short, the games give everyone, teacher included, a chance to play and be playful. In a language classroom, play is useful.

These language games are useful in one other important way — they remove you the teacher from the spotlight and allow the students to deal with each other and the cards in front of them. You are there, of course. You get things started and total up the score and serve as the impartial referee, but you can stay out of the way for a while and let the players play.

Throughout the book we have graded our suggestions as being suitable for elementary, intermediate, or advanced classes. Please accept these labels with the understanding that they are not rigid. The more important point is that the games can be enjoyed by students at all levels. After some experience you will develop a good sense for what your class can do and can't do.

Have fun!

Pares combinados

Brief Description

Similar to the TV show *Concentration*, these games require the
students to remember the location of the cards and to make pairs.

Purpose

To review vocabulary. Sometimes, new words can be added to the
set, as long as the number of new words is small and not disruptive.
A second purpose, if the game is played as a team activity, is to
stimulate conversation among the team members — *"Pienso que el
siete combina con el veintitrés," "Recuerdas dónde está el_____?"*
Finally, the game like all the card games is fun and contributes to
group building.

Preparation

Choose a category, e.g. antonyms. Write a word on each of 15 cards
and the matching antonym on another 15 cards. Shuffle the cards
well and then turn them over and number them from 1 to 30 on the
back.

Because the purpose of this game is to review something that has
been taught rather than teach something new, go over the pairs
before the game begins to be sure everybody knows what the 15
pairs are.

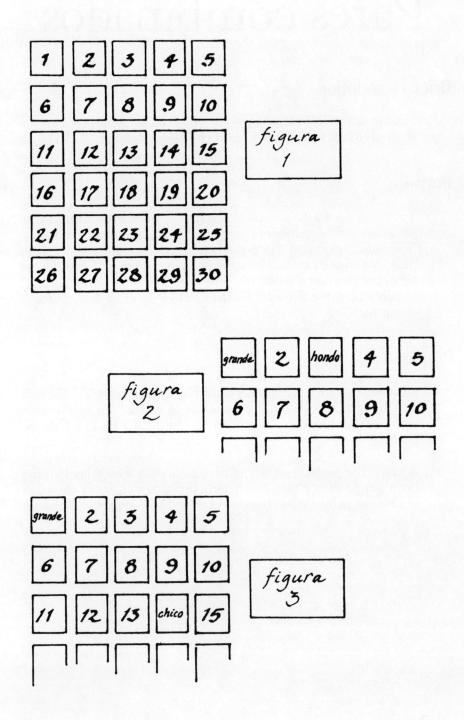

figura 1

figura 2

figura 3

Instrucciones para los estudiantes

1. *Pongan las tarjetas con los números hacia arriba como en la figura 1.*

2. *Uno de ustedes comienza. Elige dos números y los dice en voz alta. Por ejemplo: 1 y 3. Voltee las tarjetas. Si las tarjetas no combinan (probablemente no combinarán para los primeros turnos) voltéelas de nuevo. En la figura 2, se ve que grande y hondo no combinan y deben ser volteadas.*

3. *Si uno de ustedes llega a tener una combinación (figura 3), conserve esas dos tarjetas y tome otro turno. Continúe hasta que no pueda conseguir una combinación.*

4. *Después que todas las tarjetas han sido combinadas el estudiante con la mayor cantidad de tarjetas gana.*

Procedure

1. Lay the cards out face down with the numbers showing, as in Figure 1.

2. Taking turns, the students call out two numbers, e.g. 1 and 3. Turn over the called cards. If the cards don't match (chances are they won't for the first few turns) the cards are turned back over. In figure 2, we see that grande and hondo don't match so they are turned face down again.

3. When a student makes a match (figure 3) he removes the matched cards from the lay-out and gets another turn. He continues until he fails to produce a match.

4. When all the cards have been matched, the student with the largest pile wins.

Variations

1. The game can be played as a team activity. One person from each team is the spokesperson for the team's collective effort to remember locations. Students can take turns being the spokesperson.

2. When a match is made, the player can be required to use the two words in a sentence. If the player fails, the cards are returned to the layout, and the next player gets the opportunity to match and use the two words.

Suggestions shown in this book

Other Suggestions

1. Countries and their corresponding languages

2. Verb forms: present/past/future/imperative

3. Vocabulary selected from readings: words and definitions
   or synonyms.

Adjetivos sinónimos

simple	fácil
pequeño	chico
difícil	complicado
feliz	contento
tranquilo	calmado/calmo
flaco	delgado
fino	lujoso
gracioso	cómico
bonito	lindo
triste	descontento
próximo	siguiente
enorme	inmenso
bello	hermoso
famoso	muy conocido
amigo	compañero

Adjetivos sinónimos

antiguo	viejo
guapo	buenmozo
bastante	suficiente
terrible	horrible
tonto	estúpido
rico	delicioso
seguro	certero
gordo	obeso
rápido	veloz
vergonzoso	tímido
miedoso	asustadizo
precioso	hermoso
celoso	envidioso
amargo	agrio

Adjetivos sinónimos

dudoso	incierto
excéntrico	estrafalario
desagradable	ofensivo
juicioso	razonable
valiente	valeroso
listo	vivo
egoísta	interesado
nervioso	ansioso
honesto	sincero
temeroso	receloso
cauteloso	prudente
preciso	exacto
tranquilo	pacífico
simpático	agradable
holgazán	perezoso

Adjetivos antónimos

corto	largo
viejo	nuevo
chico	grande
gordo	flaco
frío	caliente
mojado	seco
alto	bajo
bueno	malo
viejo	joven
contento	triste
lejos	cerca
barato	caro
ancho	estrecho
interesante	aburrido
igual	diferente

Adjetivos antónimos

soltera	casada
amable	grosero
fácil	difícil
blando	duro
lleno	hambriento
lleno	vacío
claro	oscuro
liviano	pesado
ebrio/borracho	sobrio
limpio	sucio
muerto	vivo
guapo	feo
fuerte	débil
brillante	opaco
filo/filoso	desafilado

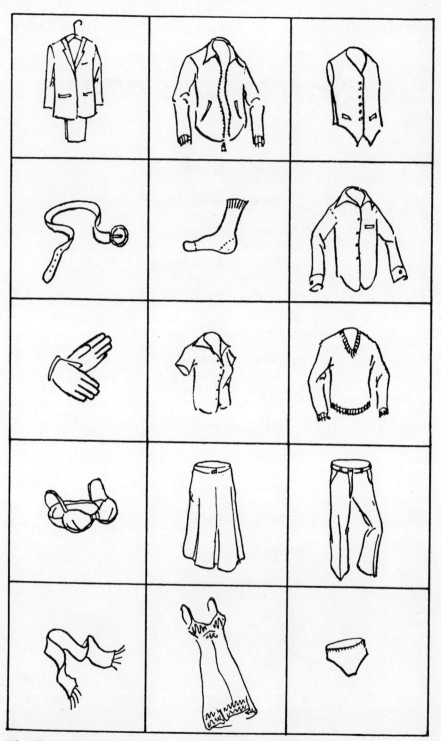

The illustrations above are matched with words on the next page. Permission is hereby given to copy the pictures for mounting on cards.

Ropa

traje

chaqueta

chaleco

cinturón

media/calcetín

camisa

guantes

blusa

suéter

sostén/brasier

falda

pantalones

bufanda

viso/fondo

calzoncillos

Preposiciones

por	favor
por	fin
al	lado de
de	memoria
a	tiempo
en	serio
en	vez de
de	nuevo
por	consiguiente
de	repente
por	todas partes
en	punto
de	más
a	menos que
con	intención

Preposiciones

(verbos con preposiciones)

comenzar	a
acabar	de
insistir	en
amenazar	con
soñar	con
tardar	en
olvidarse	de
atreverse	a
aspirar	a
alegrarse	de
consistir	en
contentarse	con
contar	con
invitar	a
dejar	de

Preposiciones

por	si acaso
en	broma
a	escondidas de
de	acuerdo
por	las nubes
al	fin y al cabo
al	extremo de
en	tal caso
en	voz alta
de	paso
al	primer golpe de vista
en	medio de
de	esta manera
de	mala gana
con	las manos en la masa

Sinónimos
(cualidades)

cortés	amable
vergonzoso	tímido
bello	hermoso
grosero	mal educado
cómico	gracioso
adolescente	juvenil
conservador	convencional
estúpido	tonto
inmaduro	infantil
diligente	trabajador
encantador	simpático
alegre	contento
capaz	hábil
célebre	famoso

Prefijos

in-	creíble
in-	dependiente
in-	feliz
in-	correcto
in-	consciente
des-	aparecido
des-	afortunado
des-	abrochar
des-	aprobar
des-	obediente
des-	conocido
mal-	educado
ir-	respetuoso
a-	moral
il-	lógico

Modismos

dar un paseo	caminar
dentro de poco	en un rato
tener . . . . . años	la edad
hacer una pregunta	preguntar
hacer caso	dar atención
tomarle el pelo a alguien	bromear
llevarse bien con	entenderse con
qué lástima	qué pena
tener ganas de	quiseira . . .
echar de menos	extrañar
a fondo	completamente
a menudo	frecuentemente
cuidado	atención
a eso de (con tiempo)	alrededor de
de vez en cuando	infrecuentemente

Proverbios

No todo lo que brilla	es oro
No hay mal que	por bien no venga
En boca cerrada	no entran moscas
Más vale tarde	que nunca
Más vale pájaro en mano	que cien volando
Comer para vivir	y no vivir para comer
Donde una puerta se cierra	otra se abre
El pájaro se conoce	por el canto
A quien madruga	Dios le ayuda
Aunque la mona se vista de seda	mona se queda
Del dicho al hecho	hay mucho trecho
En la unión	está la fuerza
Visita a tu tía	pero no cada día
Un resbalón de lengua	es peor que el de los pies
Mejor ser cabeza de ratón	que cola de león

Colocaciones

Brief Description

Each card has one word written on it. A set of cards (25 to 30 is a good number) contains either different verb forms or nouns of different genders. The object of the game is to sort the cards into piles; for example, all the masculine nouns in one pile and the feminine in another.

Purpose

Depending on which game is played, the students review the gender of nouns, different verb tense inflections, or subject/verb agreement.

Preparation

Select what the students need to practice, e.g. verb tenses: present and future. Write a number of forms of Spanish verbs in the present and the future tenses on a number of cards — one to a card. For example:

querrá	*podrás*	*vuelves*	*hacen*
canto	*estudiamos*	*necesitarán*	*dormirán*

A duplicate set should be prepared for each group of students: in general, students can do this game with 3 to 5 people per group.

Then assemble a set of cards containing at least 2 different verb tenses.

For example in a set of 30 cards there would be 15 present tense verbs and 15 future tense verbs. Depending on the level of the students more cards with more tenses could be added. For a game using all the tenses listed in the following pages choose 5 verbs from each list. (30 cards total) Shuffle the cards before beginning.

Instrucciones para los estudiantes:

Cada grupo tiene __30__ tarjetas. Hay __ diferentes tiempos verbales y ____ de las tarjetas tienen uno de estos tiempos. Trabajen juntos. Lean las palabras en las tarjetas y colóquenlas con las otras tarjetas que tienen el mismo tiempo verbal.

Procedure:

1. Give the directions to the class in Spanish as shown.

2. Allow the students to sort the cards into separate piles. Do not give any help.

3. When all groups have finished collocating, have the groups lay out their cards and look at each other's solutions.

4. Check over the solutions and announce the winner(s) — the team with the most correct cards.

Variations:

1. To make the game more challenging, put a "wild card" in each group — a verb that is completely different from the others.

2. Use sets with uneven numbers of cards, e.g., five of one verb tense, four of another, etc.

3. Establish a time limit to the game. A three-minute egg timer can be useful for this and other timed activities.

4. When all teams have finished and a winner has been declared, review the cards aloud as a group.

5. Ask each group to choose three of their words and make one sentence. These can be put up on the board and the class can vote to choose the best one.

Suggestions shown in this book:

Other Suggestions:

1. Gender of adjectives

2. Stress patterns, e.g. words with stress on first syllable, second syllable, third syllable, etc.

3. Vocabulary (such as foods, furniture, parts of the body)

Nombres-Género

Femenino	Masculino
escuela	auto
cama	océano
ventana	brazo
corbata	libro
manzana	papá
playa	cuaderno
cara	cielo
pluma	vino
profesora	suelo
pierna	cuarto
lámpara	vestido
madre	señor
gramática	zapato
máquina	pollo
mesa	abuelo

Nombres-Género

Femenino	Masculino
luz	sol
actriz	país
muchedumbre	problema
pared	diente
radio	árbol
mano	ratón
estación	clima
especie	día
ciudad	mapa
juventud	poeta
unión	postre
actitud	papel
dificultad	coche
llave	camión
gente	taxi

Tiempos Verbales

Presente	Pretérito
puedo	hice
tienen	obligaron
sube	salió
escribimos	entré
juegas	puse
traigo	quiso
viene	tuvimos
ponéis	dijeron
vuelves	salí
encuentra	bailaste
cierran	llegaron
contamos	viajamos
leo	sentiste
estudiáis	oí

Futuro	Imperativo
cabrá	haz
tendrás	hable
dirás	sea
bajará	ten
aprenderé	vayan
escribirán	di
hablaremos	pon
viajaré	oigan
aprenderás	sal
volverá	cierre
cambiaremos	vuelva
escucharán	estudien
mandaré	diga
encontraremos	traiga

Imperfecto	Condicional
ibas	cantarías
tomaba	ayudaría
leías	querrían
subíais	podríamos
éramos	vendrían
veían	lavarías
llegaban	llovería
hacía	beberíamos
entendías	volarían
estábamos	acostaría
mentían	levantaríamos
veía	bañaría
cantabas	sabrías
consultaban	haríamos

Concordancia—Sujeto y verbo

Yo	Tú	El/Ella/Ud.
escribo	pareces	reconoce
duermo	vienes	obtiene
leí	limpias	necesita
nadé	añades	trabaja
aprendí	vives	baila
salgo	pagaste	dió
voy	fuiste	fue
he	llegaste	rió
digo	almorzaste	apagó
decido	subiste	vivió
descansé	dibujas	separa
robé	prometes	pescó
veo	ganas	pronunció
estudio	rompiste	admitió
vendí	respondes	cocinó

Vosotros	Uds./Ellas/Ellos	Nosotros
recibís	ofrecen	escribimos
laváis	matan	acabamos
traducís	nacen	tenemos
sabéis	crecen	dudamos
veís	hablaron	interrumpimos
hicistéis	dieron	tuvimos
preguntáis	pescaron	supimos
hablastéis	jugaron	conocimos
corristéis	durmieron	volvimos
comprastéis	cantan	lavamos
dejáis	discuten	sorprendemos
examinastéis	pidieron	estamos
informastéis	abren	vamos
juntáis	recordaron	somos
preferís	anduvieron	vemos

Frases revueltas

Brief Description

The students rearrange jumbled sentences, e.g.

al	vamos	a	cuándo	¿	cine	?	salir

Each word and punctuation mark is written on a separate card.

Purpose

This game is useful for reviewing word order and the placement of punctuation marks.

Preparation

The game is more effective if it concentrates on a single sentence pattern, e.g. questions in the simple present tense. Write out a sentence with each word and punctuation mark on a separate card. In general, it is best to capitalize the first word in the sentence.

¿	Cuándo	vamos	a	salir	al	cine	?

To keep the various sentences from becoming mixed up, it is useful to write a number on each card, e.g.

$¿^3$	$Cuándo^3$	$vamos^3$	a^3	$salir^3$	al^3	$cine^3$	$?^3$

5-10 sentences will be sufficient for an interesting game.

Shuffle the cards in each sentence and put a rubber band around each sentence.

Finally, make a list of all sentences for your own reference and for use in Step #5 in the procedure below.

31

Instrucciones para los estudiantes:

1. *Pónganse en grupos de dos o tres.*

2. *Cada grupo va a tener una frase y voy a poner las que sobran en el centro de la clase.*

3. *Cada grupo tiene que usar todas las tarjetas para formar una frase.*

4. *Cuando estén satisfechos con la frase que formaron, escriban la frase y el número de la frase en un papel.*

5. *Devuelvan la frase al centro y elijan otro grupo de tarjetas.*

Procedure:

1. Divide the class into groups of 2-3 students.

2. Give each group a sentence and put the extras in the middle of the room.

3. Tell each group that it must use all the cards to form a sentence.

4. When a group is satisfied with its sentence, it writes the number of the sentence and the sentence on a separate sheet of paper. Then the group returns its sentence to the middle and chooses a new bundle of cards.

5. When the groups have finished, read the correct sentences and have the groups check their answers.

Variations:

1. Have the groups read their answer sheets to each other.

2. The first group to finish can write its answers on the board.

3. Instead of working at the sentence level, the students can try working at the paragraph level, arranging sentences into coherent paragraphs.

4. The numbered sentences can also be arranged into a paragraph.

5. To make the game more challenging and to allow for more variations, do not capitalize the first letter of the word.

Suggestions shown in this book

1. Verb tenses:
   (simple present) — elementary   Page 35
   (preterite) — elementary   35
   (present perfect) — intermediate   37
   (past perfect) — intermediate/advanced   39
   (subjunctive) — advanced   40
   (conditional) — advanced   40

2. Question formation — elementary   36

3. Comparatives — elementary   36

4. *Ser* and *estar* — intermediate   37

5. *Por* and *para* — intermediate   38

6. Scrambled sentences:
   (operation) — elementary   41
   (time sequence) — elementary   41
   (story) — intermediate   42
   (story) — advanced   43

Other suggestions

1. passive voice

2. prepositions

3. direct/indirect object pronouns

4. adjective order

5. superlatives

6. sentences and paragraphs taken from readings done in class or from student generated material.

Presente simple

1. Recibo una carta de mi familia una vez por semana.

2. Toma el desayuno a las siete y media de la mañana.

3. A ella le gustan los jugos de tomate y naranja.

4. A él no le gusta la comida de la cafetería.

5. ¿Vas al cine todos los fines de semana?

6. ¿Qué haces los domingos en tu país?

7. ¿A qué hora te levantas todas las mañanas?

8. ¿De dónde es Ud.?

9. ¿Esta pluma es de Ud.?

10. Estudio de las ocho y media a las once y media.

Pretérito

1. Fueron allá por avión.

2. No los vimos en la discoteca el fin de semana pasado.

3. ¿Cuántos estudiantes faltaron ayer?

4. No hice mis deberes anoche porque estuve enferma.

5. Ayer compró una camisa nueva y la usó hoy.

6. ¿Fueron a la fiesta juntos o separados?

7. No fui a la reunión ayer, pero Juan fue.

8. Vi una buena película en el cine que está al lado del banco.

9. ¿Cuándo echó la carta al correo?

10. Llamó a su padre a Venezuela anoche después de cenar.

Preguntas

1. ¿A qué distancia de aquí queda su apartamento ?

2. ¿ Adónde fuiste el año pasado?

3. ¿Quién llamó anoche?

4. ¿ A Ud. le gusta café con leche?

5. ¿Visitaron a sus amigos en Uruguay cuando estuvieron en Latinoamérica?

6. ¿Qué harás después de la clase de español?

7. ¿Cuántos tacos puedes comer?

8. ¿Dónde naciste?

9. ¿A qué hora te levantarás por la mañana?

10. ¿Por qué fue al centro Susana ayer después de clases?

Comparativos

1. Carlos es más alto que José pero más bajo que Pedro.

2. ¿Es "El Prado" más grande que "El Louvre"?

3. El cabello de ella es más largo que el tuyo.

4. ¿Es el río Amazona más ancho que el Misisipí?

5. El chino es tan difícil como el inglés.

6. Las discotecas del Brasil son más divertidas que las de Los Estados Unidos.

7. El tiempo ahora es peor que el de la mañana.

8. Ahora está lloviendo tan fuerte como antes.

9. Ese pueblo tiene menos de mil habitantes.

10. La carne argentina es mejor que la carne de Texas.

Perfecto

1. Carmen ha ido muchas veces a las playas de Chile.

2. ¿Has visto al hombre con la barba larga?

3. ¿Cuánto tiempo hace que han vivido en tu ciudad?

4. Todavía no ha tenido tiempo de hacer sus deberes.

5. No he ido a Nueva York desde hace tres meses.

6. Mi amiga nunca ha estado en Quito, pero ha ido a Lima.

7. Roberto ha vivido en la misma casa desde que nació.

8. He estudiado el español por cinco años.

9. Ha hablado con su madre todas las noches esta semana.

10. Hemos aprendido que las empanadas se hacen con carne picada.

Ser y estar

1. Mi compañera de cuarto es una buena fotógrafa.

2. Su esposo estuvo fuera del país pero ahora está en Nueva York.

3. Pensaba que Daniel era de Puerto Rico, pero es de Cuba.

4. ¿Qué hora era anoche cuando llamó Carlos?

5. Los vasos están en el tercer estante encima de las tazas.

6. Los niños estaban cansados de tanto esperar.

7. El vecino de Víctor es la persona más rica del pueblo.

8. ¿Ese escritorio tan bonito será de nogal?

9. Hoy están en casa, preparándose para la mudanza.

10. Nuestro profesor es una persona feliz.

Por y para

1. El profesor nos pidió el papel para el viernes.

2. Los mecánicos ganan veinticinco dólares por hora.

3. Perdieron la llave así que tuvieron que entrar por la ventana.

4. En la mesa hay una canasta para fruta y nueces.

5. Mi hermano está ahorrando para venir a verme.

6. Me gusta viajar por avión pero prefiero viajar por barco.

7. Para un extranjero que recién llegó al país, habla español muy bien.

8. Tus padres te llamaron anoche alrededor de las ocho.

9. Diana se fue para Costa Rica el viernes pasado.

10. ¿Cuántos pesos te dan hoy por el dólar?

Pluscuamperfecto

1. Ya habíamos comido cuando llegaron nuestros amigos.

2. Habían esperado dos horas cuando por fin llegó el tren.

3. Había vivido en Santiago por tres meses antes de poder hablar español.

4. María había hablado con su hermano diez minutos antes del accidente.

5. ¿Habías estudiado espãnol antes de tu primer viaje a México?

6. Después que él había estado en Buenos Aires por dos semanas, encontró un trabajo que pagaba muy bien.

7. Ellos habían salido recién para el cine cuando llegamos a su casa.

8. ¿Qué habías estudiado de México antes de venir?

9. Nunca había estudiado el subjuntivo hasta que tomé este curso.

10. Mis hermanas habían hablado el español desde niñas.

Subjuntivo

1. Ojalá que vengan mis primos el verano próximo.

2. Marcelo no está todavía, tal vez llegue antes que te vayas.

3. Como ha llovido toda la semana, dudo que vaya a llover mañana también.

4. Por interesante que sea, no quiero ver esa película.

5. El profesor quiere que hablemos en español todo el tiempo en la clase.

6. No creo que Ecuador gane la copa mundial de fútbol.

7. Es probable que Alicia tenga hambre porque no comió nada esta mañana.

8. Aunque cueste mucho, un día quiero esquiar en los Andes.

9. Busco un trabajo que sea interesante y que pague bien.

10. Compraré el coche de Miguel a menos que me vendas el tuyo.

Condicional

1. No habría estado tan enojado ayer si me hubieras dicho la verdad.

2. No tendría tantos accidentes si manejara mejor.

3. Si comenzara a nevar saldríamos temprano de las clases.

4. Si no fuera tan tarde, le invitaría a mi casa para tomar algo.

5. Si hubiera puesto atención en la clase, habría pasado el examen.

6. Habrían leído el artículo si hubieran sabido que tú lo escribiste.

7. Te habría visitado en San José el verano pasado, si hubiera tenido más tiempo.

8. Si fuera presidente del Uruguay, tendría una casa en Punta del Este.

9. Si ganaran el partido, celebrarían toda la noche.

10. Si te hubiera invitado a mi casa ayer, ¿habrías venido?

Operación

1. Primero coloque la cinta en la grabadora.

2. Después conecte el micrófono.

3. Verifique si el micrófono está apagado.

4. Oprima las palancas de grabar y tocar.

5. Para grabar oprima la palanca del micrófono.

6. Para terminar de grabar oprima la palanca "stop."

7. Ahora oprima la palanca de retroceso.

8. Por último, oprima la palanca de tocar y escuchar.

Secuencia de tiempo

1. Roberto salió de su casa a las 7:30 esta mañana.

2. Llevó su coche a la estación de ferrocarril y lo estacionó allí.

3. Después entró al tren que toma una hora para llegar a la ciudad.

4. Cuando llegó a la ciudad, bajó del tren y caminó seis cuadras a su oficina.

5. Llegó a las 8:55.

6. A las 9:00 se sentó en su escritorio y comenzó a trabajar

Un cuento

1. Un día un camión grande lleno de pingüinos se dañó en la carretera afuera de la ciudad.

2. El conductor del camión estaba tratando de decidir que debía hacer cuando un hombre manejando un autobús grande y vacío paró y le ofreció ayuda.

3. El conductor del camión dijo, "Tengo que llevar estos pingüinos al zoológico inmediatamente. Si Ud. los lleva en su autobús, yo le daré docientos dólares."

4. El conductor del autobús dijo que estaba de acuerdo.

5. Puso todos los pingüinos en su autobús y se fue.

6. Más tarde, después de que había reparado el camión, el conductor vió al conductor del autobús que andaba con los pingüinos.

7. Estaba caminando por la acera seguido por los pingüinos.

8. El conductor del camión paró en seguida.

9. Salió de su camión y dijo al conductor del autobús, "Yo le dije que tenía que llevar los pingüinos al zoológico."

10. "Los llevé" respondió el conductor del autobús, "pero me sobró dinero, así que ahora los voy a llevar al cine."

Un cuento

1. Había un hombre de la Mancha, alto y flaco, que se llamaba Don Quijote.

2. A él le gustaba leer novelas de caballería.

3. Le gustaban tanto que imaginaba que él también era un caballero andante.

4. Entonces limpió sus armas y puso el nombre de Rocinante a su caballo y encontró a su dama, Dulcinea del Toboso.

5. Ahora, lo que le faltaba era un escudero y es así que Sancho Panza, un vecino, lo acompañó.

6. No fue mucho después que los dos tuvieron su primera aventura.

7. Comenzó cuando Don Quijote le preguntó a Sancho Panza si él veía unos gigantes delante de ellos.

8. "¿Qué gigantes?" preguntó Sancho.

9. "Aquellos que están allá; aquellos de los brazos largos" respondió Don Quijote.

10. Sancho Panza le dijo que no eran gigantes, sino molinos de viento.

11. Don Quijote no le creyó y dijo que eran gigantes y muy grandes.

12. Sancho, entonces, lleno de miedo, se puso a rezar por su amo.

13. Mientras tanto, Don Quijote clavó las espuelas en Rocinante y fue hacia "los gigantes" y los llamó "cobardes".

14. El viento movió las aspas de un molino y Don Quijote le dió una lanzada en una de sus aspas.

15. El viento movió las aspas otra vez y caballo y caballero rodaron lejos.

16. Y así es que fue la vida del flaco, Don Quijote, y el gordo, Sancho Panza, una aventura seguida por otra.

Categorías

Brief Description

Students are given several words all belonging to one category. For example, *"Cosas que son rojas."* While one student gives clues, his teammates guess the words belonging to the category. This game is similar to the TV show *The $100,000 Pyramid.*

Purpose:

This game requires the students to use Spanish quickly and descriptively. It's a good exercise to "stretch" the students' command of the language.

Preparation

Write two to six words on a card with the category at the top of one card. Easier ones are *"colores," "adjetivos de tamaño," "cosas en una clase."* More difficult categories are *"cosas en que se pone aire," "cosas que un doctor usa."* Easy categories can be made more difficult by putting in one difficult word.

Instrucciones para el estudiante:

1. *Vamos a tener dos equipos.*

2. *Yo le voy a dar una tarjeta a un miembro de uno de los equipos.*

3. *Ud. tiene que anunciar la categoría a su equipo y después decir algo que los ayude a adivinar las palabras en esta categoría. Por ejemplo, si la categoría es "cosas que son calientes" Ud. puede decir, "Está en el cielo y nos da luz y calor." La repuesta es "el sol."*

4. *No pueden usar gestos.*

5. *Recibirán un punto por cada repuesta correcta.*

Procedure:

1. Give the directions to the students in Spanish.

2. Divide the class into two or more teams.

3. Give a card to a member of one team. If the student doesn't understand the card you can leave the room and explain it.

4. The team member announces the category and then gives clues while his team tries to guess the words. Gestures may not be used.

5. The team gets one point for each correct answer.

6. When the first team is finished, the next team gets a chance with a different card.

7. Four or five rounds is enough for a good game.

Variations:

1. The game can be timed — 15 seconds to one minute to complete the list, depending on the level of the students.

2. The teams that are waiting can be shown the card to increase their interest as the guessing team tries to get the words.

3. It does not have to be done as a team activity. The entire class can be the team as one student presents the category and clues.

4. Using a stop watch, determine the winner by the total amount of time taken to do all the cards — with a maximum of one minute per card. Therefore, if each team did six cards and Team A required four minutes and Team B did all six cards in three minutes, Team B wins, regardless of the number of correct guesses.

Suggestions shown in this book given in Italics with other variations

1. Cosas que son *verdes* (page 48), rojas.

2. Cosas que están en una *clase* (48), hotel, parque, *universidad* (51), ciudad, país, *Argentina (52), joyería* (52), fábrica, el mar, *la cocina* (50).

3. Cosas que están *arriba* (48), abajo, alrededor.

4. Nombres de *animales* (48), *profesiones* (52), *ropa* (49), *partes del cuerpo* (49), *muebles* (50), *cosas eléctricas* (52), *parientes* (50, *tiendas (49), deportes* (49), países, idiomas, ciudades, gente famosa, partes de un coche.

5. Medios de transporte (48).

6. Cosas que haces con *los pies* (49), el cuerpo.

7. Cosas a las que *escuchas* (50), *tocas* (51), lees, miras, estudias, montas, etc.

8. Cosas del *verano* (50), invierno.

9. Cosas que son usadas *por los niños* (50), mujer, hombre.

10. Cosas que son típicas latinas (51), mexicanas.

11. Cosas que son *calientes* (51), graciosas, redondas.

12. Cosas que comienzan con "*a*" (51), "b," "c."

13. Cosas que necesitas para *viajar a otro país* (51)

14. Cosas que usa un *carpintero* (53), profesor, doctor, granjero.

15. Cosas que tienen *un agujero* (53), motor, luz, pelo.

16. Palabras que terminan en "*e*" (53), "a," "n."

17. Cosas que son *largas y angostas* (53), *grandes* (53), pequeñas.

18. Cosas que *se abren* (52), se comen, se manejan, se cortan, se llenan.

19. *Modismos* (52)

Cosas que son verdes

césped

lechuga

árboles

guisantes

dólares

pimientos

Medios de transporte

coche

tren

barco

avión

taxi

autobús

Animales

elefante

tigre

mono

burro

toro

perro

Cosas que hay en una clase

tiza

estudiantes

pizarra

escritorios

profesor

libros

Cosas que están arriba

el cielo

el techo

la luna

las estrellas

el sol

las nubes

Frutas

banana

durazno

manzana

pera

uva

sandía

Ropa

camisa

pantalones

medias

corbata

zapatos

sombrero

Cosas que haces con los pies

caminar

patear

saltar

bailar

correr

esquiar

Tiendas

panadería

carnicería

zapatería

barbería

farmacia

abacería

Partes del cuerpo

brazo

pierna

dedo

cabeza

estómago

ojo

Comida

pollo

ensalada

papas

arroz

tacos

empanadas

Deportes

fútbol

tenis

esquí

natación

equitación

volibol/voleibol

Muebles

sofá

mesa

sillón

cama

aparador

Parientes

tía

hermano

primo

sobrino

abuela

padre

Cosas que están en la cocina

fregadero

platos

servilletas

tenedor

refrigerador

agua

Cosas que son usadas por los niños

juguete

bicicleta

muñeca

cometa

pelota

pinturas

Cosas del verano

bikini

playa

limonada

sandalias

piscinas

vacaciones

Cosas a que escuchas

música

radio

profesora

chismes

un amigo

una grabadora

Cosas para tocar

piano

violín

guitarra

trompeta

tambor

flauta

Cosas que comienzan con "a"

amiga

ayer

arroz

alta

Argentina

Cosas que son típicas latinas

sombrero

poncho

enchiladas

biftec

música salsa

guitarra

Cosas que necesitas para viajar a otro país.

una maleta

un pasaporte

dinero

un boleto

un diccionario

visa

Cosas que son calientes

el horno

el verano

el café

el desierto

el sol

el ecuador

Cosas que se encuentran en una universidad

residencia estudiantil

biblioteca

cafetería

profesores

centro de estudiantes

oficina de administracíon

Modismos

hacer juego

tomarle el pelo

buen provecho

tener ganas

a menudo

ida y vuelta

Cosas eléctricas

plancha

secadora

tostadora

abrelatas

aspiradora

licuadora

Cosas que se abren

una carta

una lata

un   regalo

una puerta

una caja

una ventana

Profesionales

abogado

arquitecto

autor

médico

pintor

profesor

Cosas que encuentras en Argentina

mate

gauchos

ganado

cuero

lana

playas

Cosas que se encuentran en una joyería

reloj

anillo

pulsera

collar

diamante

cadena

Cosas que usa un carpintero

martillo

clavos

serrucho

caja de herramientas

cinta métrica

madera

Cosas que son grandes

toro

avión

Brasil

cielo

el Pacífico

sandía

Cosas que son redondas

plato

tortilla

cero

pelota

sol

naranja

Cosas que tienen un agujero

disco

pipa

campo de golfo

fregadero

queso suizo

Palabras que terminan en "e"

chocolate

llave

traje

volante

clarinete

pie

Cosas que son largas y angostas

regla

río

acera

cinturón

tren

Chile

Un Coctel

Brief Description

This is a role-playing exercise in which each participant receives a card describing a character whose identity he assumes. At the conclusion of the exercise the class identifies and describes the various people they have met in the exercise. The lives of the characters can be entwined or a plot can unfold to make the exercise more interesting.

Purpose

The exercise requires the students to practice social conversation. It also requires them to listen carefully and, at the conclusion of the exercise, remember and re-state what they have heard.

> Mario Fernández
> 15 años
> su madre es Inés
> Fernández

Preparation

Write brief descriptions on the cards — one to a card. The game is best played by at least six and not more than 12 characters. In a game designed for a lower level, only a minimum of information (such as name, age, profession) need be given.

Instrucciones para los estudiantes

1. *En un momento Uds. van a ir a un coctel.*

2. *Les voy a dar una tarjeta a cada uno de Uds. Léanla y actúen como la persona descrita.*

3. *Si tienen una pregunta, salgan un momento de la clase conmigo y pregúntenme.*

4. *Ahora, comiencen a presentarse unos a otros.*

Procedure

1. Give the directions to the students in Spanish. First, set the scene — party, meeting, bus station, etc.

2. Tell the students they will assume the role of the character on their cards. Then give each student a card and ask them to study it.

3. Step out of the room and help students — one at a time — with questions about the information on their card.

4. Let the students mingle and talk to each other for 15 to 30 minutes.

5. When it seems that everybody has met everybody else, conclude the game.

6. Single out each character — one by one — and have the other students tell what they can remember about the character.

Variations

1. At the end of the game, have the students write out the cast of characters and then read their papers to each other and compare.

2. A position on a contemporary issue can be added to the information on each card so that the objective becomes to find out each character's opinion on the issue.

Suggestions shown in this book and others

1. Reunión familiar — intermedio   Page 58

   Family relationships/problems are discovered.

2. Fiesta con los vecinos

   The local gossip, entanglements, and social concerns are learned.

3. Fiesta de estudiantes

   International students get together — stereotypes, cultural problems arise.

4. Viaje por avión — avanzado   61

   Passengers on a trip discover how their lives are entwined.

5. Una reunión

   Office politics and personal involvements come up.

6. Una fiesta en Hollywood

   Movie star relationships are uncovered — can use names of real stars.

7. Misterio — avanzado   59

   Group of people (family, hotel guests, etc.) discover a murder and decide who is the murder.

8. Reunirse con . . .

   High school, college, foreign students discover old friends, loves, conflicts.

9. Colegio/universidad/reunión de grupo.

   Student/classroom/administrative problems are discussed.

Reunión Familiar

1. Diego Fernández. 45 años. Casado. 3 hijos. Le gusta bailar.

2. Rosa Fernández. 42 años. Casada con Diego Fernández. Es una persona muy contenta.

3. Mario Fernández. 15 años. Su madre es Inés Fernández.

4. Paula Fernández. 21 años. Su padre es Diego Fernández. Tiene una hermana gemela y un hermano.

5. Inés Fernández. 38 años. Esposa de Rodrigo Fernández. Es una persona muy triste.

6. Fernando López. 70 años. Ud. tiene una hija que está casada con Diego Fernández. Ud. está un poco borracho.

7. Rodrigo Fernández. 40 años. Hijo de José Fernández.

8. Jose Fernández. 75 años. Ud. tiene dos hijos: Diego y Rodrigo.

9. Elena Fernández. 21 años. Estudiante de la universidad.

10. Miguel Fernández. 18 años. Su madre es Rosa de Fernández. Ud. tiene 2 hermanas.

Misterio

1. Martín Blanco. Ud. tiene 65 años. Es rico pero no tiene muchos amigos. Está dando una fiesta de cumpleaños para su hija, Gloria. Después de tomar su primera bebida, muere. Alguien en el cuarto le ha venenado.

2. Susana Blanco. Ud. tiene 35 años. Se casó con Martín Blanco hace dos años. Ud. se casó con él porque esperaba heredar su dinero cuando se muriera.

3. Juanita Blanco. Ud. tiene 62 años. Estaba casada con Martín Blanco por 37 años cuando el pidió el divorcio para casarse con una mujer más joven.

4. Pablo Blanco. Ud. tiene 35 años. Ud. es el hijo de Martín y Juanita Blanco. Su padre le despidió recientemente de su negocio, pero Ud. no comprende por qué.

5. Cecilia Dorado. Ud. tiene 32 años. Es la hija de Martín y Juanita Blanco. Su padre, a quien amaba mucho, siempre le daba todo lo que quería y más. Está casada con Ricardo Dorado.

6. Ricardo Dorado. Ud. tiene 38 años. Está casado con Cecilia Dorado. Ud. es el vice-presidente del negocio de su padre. A Ud. le encanta gastar el dinero. (No solamente su dinero, pero el de su esposa también).

7. Anita. Ud. es la criada en la casa de los Blanco. Tiene 65 años. Ud. ha trabajado para la familia por más de 37 años. Nunca aprobó del divorcio de Martín y Juanita, ni el matrimonio de Martín y Susana. No les gusta ni a Martín ni a Susana.

8. Pepe. Ud. es el esposo de la criada, Anita. Ud. ha sido el cocinero en la casa de los Blanco por 37 años. A Ud. le gustaba mucho su trabajo antes de que Martín se divorciara de su primera esposa, Juanita. Detesta a su nueva esposa, Susana.

9. Gabriela Sala. Ud. tiene 32 años. Ud. está casada con Adolfo Sala, pero está enamorada de Martín Blanco y de su dinero.

10. Adolfo Sala. Ud. es el mejor amigo de Martín Blanco. Fueron a la misma universidad durante los años 30. Hace poco Ud. se casó con su segunda esposa que es 30 años menor. Ud. ha puesto veneno en la bebida de Martín porque descubrió que él estaba viendo a su nueva esposa, Gabriela. Nadie sabe que Ud. es el asesino.

El viaje por avión

1. Jesús Romero. Ud. tiene 55 años. Es un hombre de negocios de México que importa televisores de unas partes de Europa. Está volviendo a México después de unas reuniones en España, pero no tuvo éxito en Madrid.

2. María Romero. Ud. tiene 45 años. Ud. es la esposa de Jesús Romero. Hace diez años que una muchacha española se quedó en su casa en Guadalajara, México. No la ha visto desde entonces.

3. Milagros Soto. Ud. tiene 32 años. Ud. está casada con Frederico Soto. Hace diez años cuando era soltera pasó un verano en la casa de Jesús Romero en Guadalajara, México. Ud. está ahora de vacaciones y espera visitar a su familia mexicana y presentarles a su marido.

4. Frederico Soto. Ud. tiene 34 años. Está casado con Milagros Soto. Ud. y su esposa van a México para vacaciones.

5. Isabel Perez. Ud. tiene 23 años y quiere continuar sus estudios de medicina en México. Va a México para una entrevista en la Universidad de Guadalajara.

6. Carlos García. Ud. está volviendo a México de un viaje a Madrid donde Ud. asistió a una conferencia de medicina. Ud. está encargado de inscripciones en el Departamento de Medicina en la Universidad de Guadalajara.

7. Toshihibiro Sato. Ud. es el dueño de un negocio japonés de importación de televisores. Va a México porque le gustaría comenzar a exportar sus televisores a ese país. Ud. estudió español en el Centro de Lenguas en Tokio.

8. Antonia Lucanor. Tiene 55 años. Está casada con David Lucanor. Hace diez años vivía en Tokio y enseñaba español en el Centro de Lenguas. Un estudiante que nunca podrá olvidar, se llama Toshihiro Sato.

9. David Lucanor. Ud. y su esposa, Antonia, van a México para inscripciones vacaciones. Ud. es el director de inscripciones en la Universidad de Madrid para los estudiantes de Medicina.

10. Luis Alarcón. Ud. tiene 23 años. Es uno de los camareros en el vuelo a México. Su amiga del colegio a quien no ha visto por cinco años está planeando estudiar medicina en México. Su nombre es Isabel Del Río.

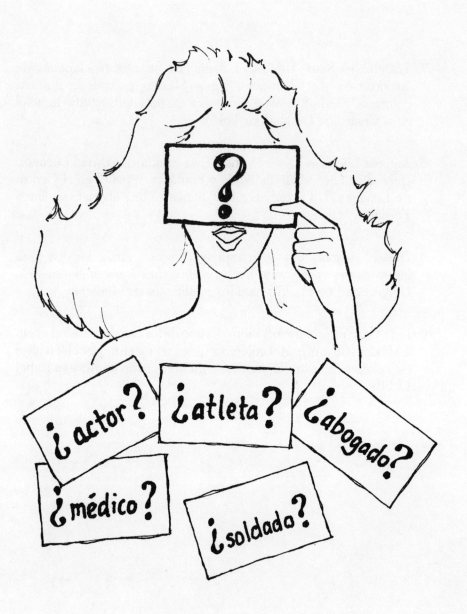

¿Quién soy?

Brief Description

This is a variation of *Twenty Questions*. The number of questions is reduced to 10 and the field is reduced to categories of people, e.g. professions, or famous people. The class is divided into two teams and each team takes turns trying to guess the identities of the opposing players.

Purpose

The game will require the students to practice yes-no questions. It can also serve as a vocabulary review of selected areas, e.g. music, sports, politics, etc.

Preparation

Write the name of a famous person and (optionally) a brief descriptive phrase on each card. All the people should be in the same field, e.g. music. A sample card might read: *Víctor Jara, cantante y músico, música popular; chileno.*

Instrucciones para los estudiantes

1. *Pónganse en dos grupos. Cada grupo recibirá una tarjeta para cada persona. Todas las tarjetas de un grupo son de la misma categoría. Por ejemplo "música". Tienen que adivinar la identidad de cada persona en el otro grupo. Solamente pueden hacer 10 preguntas. Las preguntas deben ser contestadas con "Sí" o "No."*

2. *Miembros de un mismo grupo pueden ver las tarjetas de otros en su grupo.*

3. *Ahora un grupo comience con una pregunta. Después el otro grupo hará lo mismo. El grupo que gane será el que adivine la mayor cantidad de identidades.*

Procedure

1. Describe the game to the students and tell what field the personalities are in. Emphasize that questions must be of the yes-no variety and that the respondent answers with only *Sí* or *No*. Explain that only 10 questions may be asked.

2. Divide the class into two teams and hand out the cards. Players may show their cards to others on their team.

3. Assist students who need help identifying their characters by stepping outside the room for private consultations.

4. Alternate the guessing from one team to the other until all students have been quizzed on the identity of their personalities.

5. The team with the most correct identifications wins.

Variations

1. Set a time limit on each 10-question session. A three-minute egg timer is useful for this.

2. Allow one or two questions which are the the yes-no kind and which are not "who are you?"

3. If a team fails to guess the identity of the character, but can make a correct statement of five identifying facts, give them ½ point. Such a statement might be: "*Ud. es un cantante* (1) *chileno* (2) *de música* (3) *revolucionario* (4) *y está muerto* (5)" The statement must be grammatically correct as well as factually correct.

4. Give each student a blank card and announce the category. Each student writes a name he or she knows on his/her card. Walk around and check for duplicates. If two or more students have written the same name, you will probably want to have one or both of them change.

Suggestions shown in this book and others

Other suggestions

1. Estado social (padres, amigo, pariente)

2. Posición en la escuela (secretario, profesor, bibliotecario, entrenador, director)

3. Héroes (contemporáneos, mitológicos.)

4. Filósofos

5. Estrellas de televisión

6. Animales famosos

7. Personalidades locales

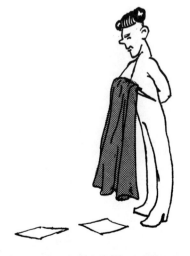

Profesiones

médico

científico

abogado

ingeniero

dentista

psiquiatra

enfermera

soldado

político

contador

artista

atleta

actor

escritor

Oficios

carpintero

plomero

electricista

conductor

mozo

pintor

mensajero

vendedor

conserje

taxista

mecánico

minero

granjero

panadero

costurera

Líderes políticos

(pasados)

Simón Bolívar — Venezuela

Winston Churchill — Inglaterra

John F. Kennedy — Estados Unidos

Salvador Allende — Chile

Charles de Gaulle — Francia

Evita Perón — Argentina

Mohandas Gandhi — India

Ché Guevara — Cuba

Benito Juárez — México

Pancho Villa — México

Francisco Franco — España

Fulgencio Batista — Cuba

Isabel I — España

José de San Martín — Argentina

Hernán Cortés — España

José Martí — Cuba

Artistas y escultores

Diego Rivera — muralista mexicano

Leonardo da Vinci — pintor italiano

Pablo Picasso — pintor español

Rembrandt — pintor holandés

Pierre-Auguste Renoir — pintor francés

El Greco — pintor español

Goya — pintor español

Mary Cassatt — pintora norteamericana

Miguel Angel — escultor italiano

Grandma Moses — pintora norteamericana

José Clemente Orozco — muralista mexicano

Georgia O'Keefe — pintora norteamericana

Albrecht Durero — grabador alemán

Claude Monet — pintor francés

Andrew Wyeth — pintor norteamericano

Estrellas de cine

Paul Newman

Charlie Chaplin

John Wayne

Sonia Braga

Cantinflas

Lawrence Olivier

Ricardo Montalbán

Clark Gable

John Travolta

José Ferrer

Humphrey Bogart

Rodolfo Valentino

Sophia Loren

Jane Fonda

Anthony Quinn

Katherine Hepburn

Rita Moreno

Elizabeth Taylor

Marilyn Monroe

Brigitte Bardot

Glenda Jackson

Escritores

Rubén Darío — poeta nicaragüense

Miguel de Cervantes — autor español

H. G. Wells — novelista inglés

Leo Tolstoy — novelista ruso

Edgar Allen Poe — poeta y escritor norteamericano

Frederico García Lorca — escritor español

Jorge Luis Borges — poeta argentino

Pablo Neruda — poeta chileno

Jack London — novelista norteamericano

Ernest Hemingway — novelista norteamericano

Isak Dinesen — escritora danesa

Emily Dickinson — poeta norteamericana

Agatha Christie — escritora inglesa

Anton Chekov — escritor ruso

Gabriel Garcia Márquez — escritor colombiano

Octavio Paz — ensayista mexicano

Dante Aleghieri — escritor italiano

Científicos

Marie Curie — química polaco-francesa

Charles Darwin — naturalista inglés

Thomas Edison — inventor norteamericano

Albert Einstein — físico norteamericano

Enrico Fermi — físico italiano

Sigmund Freud — médico austríaco

Galileo Galilei — astrónomo y físico italiano

Alejandro de Humboldt — explorador y naturalista alemán

Louis Pasteur — químico francés

Rudolf Diesel — ingeniero mecánico alemán

Alexander Fleming — bacteriólogo inglés

Isaac Newton — matemático y filósofo inglés

Margaret Mead — antropóloga norteamericana

Carl Jung — psiquiatra suizo

Atletas

Fernando Valenzuela — jugador de béisbol, mexicano

Roberto Clemente — jugador de béisbol, puertorriqueño

Diego Armando Maradona — jugador de fútbol, argentino

Muhammad Ali — boxeador, norteamericano

Manolete — matador, español

Wilt Chamberlain — jugador de baloncesto, norteamericano

Nancy Lopez — jugadora de golf, norteamericana

Pelé — jugador de fútbol, brasileño

Jim Plunkett — jugador de fútbol, norteamericano

Lee Trevino — jugador de golf, norteamericano

Ron Carew — jugador de béisbol, panameño

Bill Rogers — corredor, norteamericano

Juan Fangio — corredor de coches, argentino

Ingemar Stenmark — esquiador, sueco

Chris Evert-Lloyd — jugadora de tenis, norteamericana

Bjorn Borg — jugador de tenis, sueco

Bobby Hull — jugador de hockey, canadiense

Guillermo Vilas — jugador de tenis, argentino

Alberto Juantorena — corredor, cubano

Músicos

Silvio Rodríguez — cantante popular, cubano

Julio Iglesias — cantante popular, español

Mercedes Sosa — cantante popular, argentina

Víctor Jara — cantante popular, chileno

Juan Manuel Serrat — cantante popular, español

John Lennon — cantante popular, inglés

Frank Sinatra — cantante popular, norteamericano

Olivia Newton-John — cantante de música rock, australiana

Andrés Segovia — guitarrista clásico, español

Mick Jagger — cantante de música rock, inglés

Ludwig Beethoven — compositor, alemán

Barbra Streisand — cantante popular, norteamericana

Plácido Domingo — cantante de ópera, español

Heitor Villa-Lobos — compositor, brasileño

Joan Baez — cantante folklórico, norteamericana

Agustín Lara — cantante y compositor, mexicano

Libertad Lamarque — cantante, argentina

Sarita Montiel — cantante y artista, expañola